Yo soy el glotón

Aaron Carr

El enriquecido libro electrónico AV² te ofrece una experiencia bilingüe completa entre el inglés y el español para aprender el vocabulario de los dos idiomas.

This AV² media enhanced book gives you a fully bilingual experience between English and Spanish to learn the vocabulary of both languages.

Visita nuestro sitio **www.av2books.com** e ingresa el código único del libro.

Go to www.av2books.com, and enter this book's unique code.

CÓDIGO DEL LIBRO
BOOK CODE

M848253

AV² de Weigl te ofrece enriquecidos libros electrónicos que favorecen el aprendizaje activo.

AV² by Weigl brings you media enhanced books that support active learning.

Spanish  **English**

Navegación bilingüe AV²
AV² Bilingual Navigation

CERRAR
CLOSE

INICIO
HOME

OPCIÓN DE IDIOMA
LANGUAGE TOGGLE

CAMBIAR LA PÁGINA
PAGE TURNING

VISTA PRELIMINAR
PAGE PREVIEW

Copyright ©2017 AV² de Weigl. Library of Congress Cataloging-in-Publication Data se encuentra en la página 24.
Copyright ©2017 AV² by Weigl. Library of Congress Cataloging-in-Publication Data is located on page 24.

Yo soy el glotón

En este libro aprenderás sobre

- mí
- mi comida
- mi casa
- mi familia

¡y mucho más!

Yo soy un glotón.

5

Vivo en lugares fríos.

7

Dejo un olor muy fuerte para que los demás sepan dónde vivo.

8

9

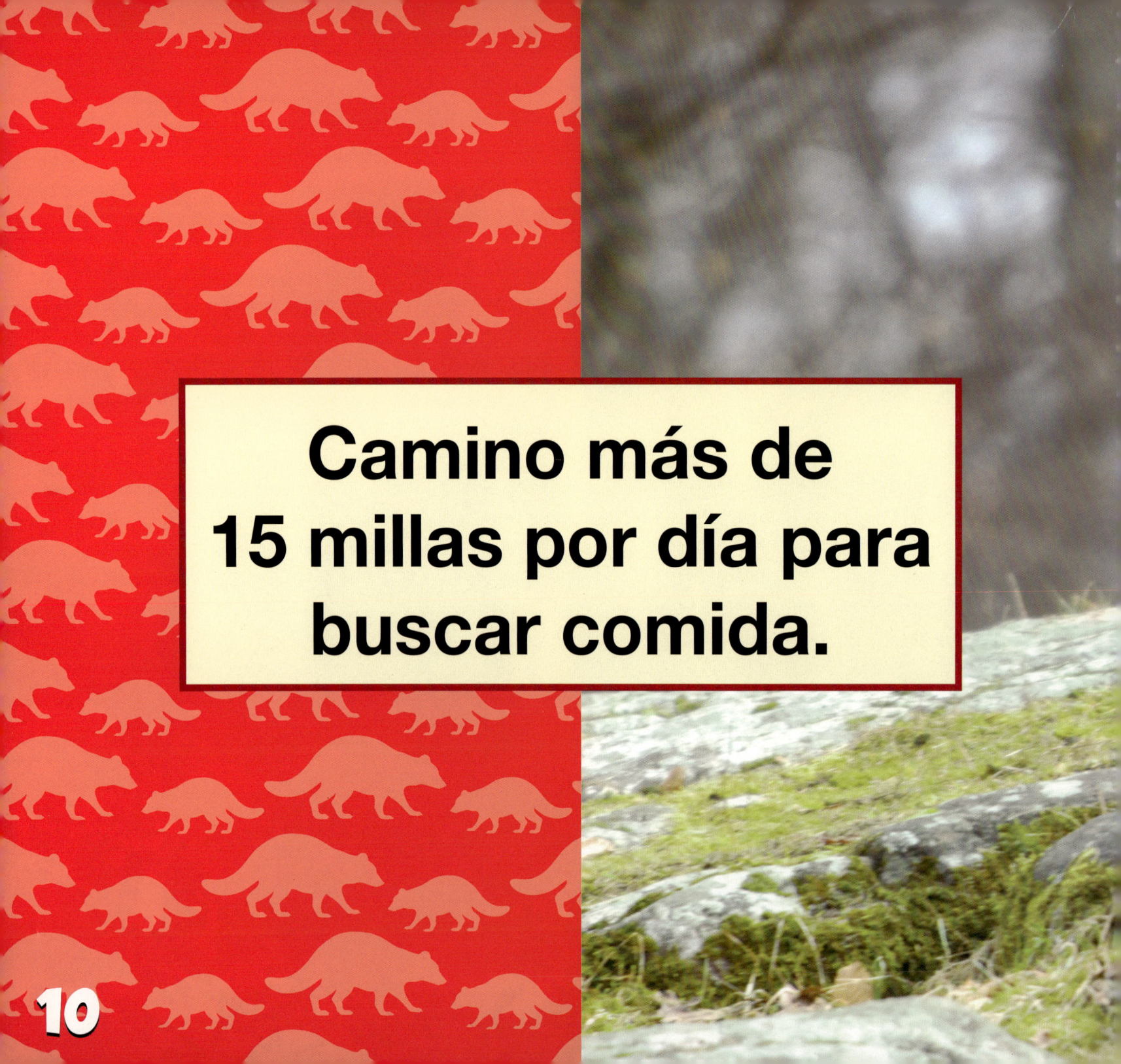

Camino más de 15 millas por día para buscar comida.

11

Uso la nieve como refrigerador para mi comida.

13

Nací bajo la nieve.

15

Mi pelo aleja la nieve.

17

Tengo garras filosas que me ayudan a trepar árboles.

19

Necesito mucho espacio para caminar.

Yo soy un glotón.

21

DATOS SOBRE EL GLOTÓN

Estas páginas contienen más detalles sobre los interesantes datos de este libro. Están dirigidas a los adultos, como soporte, para que ayuden a los jóvenes lectores a redondear sus conocimientos sobre cada sorprendente animal presentado en la serie *Yo soy*.

Páginas 4–5

Yo soy un glotón. Los glotones son los integrantes más grandes de la familia de las comadrejas, aunque se parecen más a los osos que a las comadrejas. Los glotones son animales feroces, fuertes e inteligentes. Un glotón puede llegar a medir 34 pulgadas (86 centímetros) de largo, sin contar su larga cola de 10 pulgadas (26 cm). Puede pesar hasta 40 libras (18 kilogramos).

Páginas 6–7

Vivo en lugares fríos. La mayoría de los glotones vive en latitudes frías, como en los bosques y tundras de Canadá, Alaska y Rusia. El glotón macho puede establecer un área de acción de casi 580 millas cuadradas (1.500 kilómetros cuadrados). El territorio de la hembra suele ser de unas 40 millas cuadradas (100 km^2).

Páginas 8–9

Dejo un olor muy fuerte para que los demás sepan dónde vivo. A los glotones se los suele llamar osos zorrinos. Esto se debe en parte a su aspecto pero también al olor putrefacto que emanan. Utilizan este olor principalmente cuando se sienten amenazados por otro animal. Los glotones también usan su olor para marcar su territorio.

Páginas 10–11

Camino más de 15 millas (24 km) por día para buscar comida. Los glotones son animales muy activos. Suelen caminar entre 15 y 24 millas (24 y 39 km) por día en busca de comida. Se sabe también que escalan las montañas en lugar de rodearlas.

Páginas 12–13

Uso la nieve como refrigerador para mi comida. Los glotones buscan, cazan y hurgan para conseguir su alimento. Comen plantas, conejos, roedores y hasta renos. Guardan el exceso de comida en la nieve, donde se mantiene fría y se echa a perder más lentamente. El glotón recurre a esta comida cuando no encuentra comida fresca.

Páginas 14–15

Nací bajo la nieve. Las hembras hacen una cueva debajo de la nieve. Este es un lugar seguro para que nazcan las crías. Los glotones tienen entre una y cinco crías por vez. La madre las alimenta durante 9-10 semanas, y se las considera adultas a los siete meses. Ambos padres se turnan para criar a sus hijos.

Páginas 16–17

Mi pelo aleja la nieve. El pelaje del glotón es grueso y está cubierto por aceites naturales que lo hacen impermeable, es decir, repele la nieve y la escarcha. Gracias a esto, los glotones pueden mantener su pelaje limpio y seco en el entorno tan frío en el que viven.

Páginas 18–19

Tengo garras filosas que me ayudan a trepar árboles. Los glotones tienen garras largas y curvas que pueden retraerse parcialmente cuando no se usan. Las utilizan principalmente para trepar y cavar en el suelo o la nieve. Las patas grandes y peludas del glotón le sirven para caminar en la nieve profunda.

Páginas 20–21

Necesito mucho espacio para caminar. En los últimos años, el aprovechamiento de tierras por parte del hombre ha comenzado a invadir el hábitat del glotón. Esto ha reducido su territorio y limitado sus opciones de caza y búsqueda de alimentos. Por esta razón, algunos científicos creen que los glotones pronto podrían ser incluidos en la lista de especies vulnerables.

23

¡Visita www.av2books.com para disfrutar de tu libro interactivo de inglés y español!

Check out www.av2books.com for your interactive English and Spanish ebook!

1. **Entra en www.av2books.com**
   Go to www.av2books.com

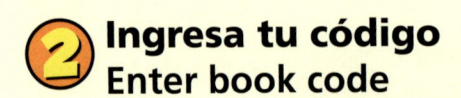

2. **Ingresa tu código**
   Enter book code

   M848253

3. **¡Alimenta tu imaginación en línea!**
   Fuel your imagination online!

www.av2books.com

Published by AV² by Weigl
350 5th Avenue, 59th Floor New York, NY 10118
Website: www.av2books.com

Copyright ©2017 AV² by Weigl
All rights reserved. No part of this publication may be reproduced, stored in a retrieval system, or transmitted in any form or by any means, electronic, mechanical, photocopying, recording, or otherwise, without the prior written permission of the publisher.

Library of Congress Control Number: 2015953910

ISBN 978-1-4896-4338-4 (hardcover)
ISBN 978-1-4896-4339-1 (single-user eBook)
ISBN 978-1-4896-4340-7 (multi-user eBook)

Printed in the United States of America in Brainerd, Minnesota
1 2 3 4 5 6 7 8 9 0 19 18 17 16 15

112015
101515

Project Coordinator: Jared Siemens
Spanish Editor: Translation Cloud LLC
Art Director: Terry Paulhus

Every reasonable effort has been made to trace ownership and to obtain permission to reprint copyright material. The publisher would be pleased to have any errors or omissions brought to its attention so that they may be corrected in subsequent printings.

The publisher acknowledges Getty Images, iStockphoto, Alamy, and Minden as the primary image suppliers for this title.